Sommer, Sonne & Amore

Urlaubsglück für zwischendurch

'O sole mio

Hol dir ein Stück Sommer nach Hause und tauche ein in eine Welt voller Sonnenschein, Meeresbrise und unbeschwerter Momente. Lass dich von stimmungsvollen Zitaten und Sprüchen inspirieren und schenke dir selbst ein Lächeln. Jeder neue Tag lädt dich dazu ein, die schönen Seiten des Lebens zu genießen und Urlaubsfeeling auch in deinem Alltag zu spüren.

Das ist Sommerglück!

Genuss ist nur ein Tropfen im Cocktail
des Glücks, doch welch Würze verleiht er!

Albert Memmi

Ein Morgen am Meer.
Und du weißt,
was Friede ist.

Josef Butscher

Eine Tüte Urlaub bitte!

Lache
das Leben an!
Vielleicht
lacht es
zurück.
Jean Paul

Ein

Mitbringsel

aus dem Urlaub ist wie
ein Stückchen Ferne.

Hilla Olnhoff

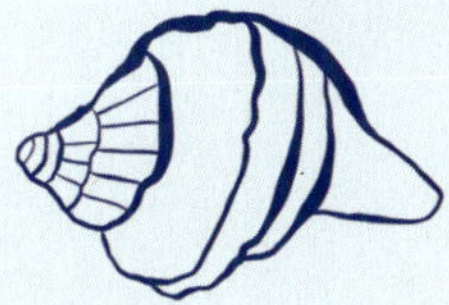

Ich wär jetzt
viel lieber da,
wo meine Gedanken
gerade sind.

MANCHMAL MUSS MAN
ALLE PLÄNE ÜBER
DEN HAUFEN WERFEN
UND EINFACH TUN,
WORAUF MAN GERADE
LUST HAT.

Nina Sandmann

Amore mio

Kleinigkeiten machen
die Summe des Lebens aus.

Charles Dickens

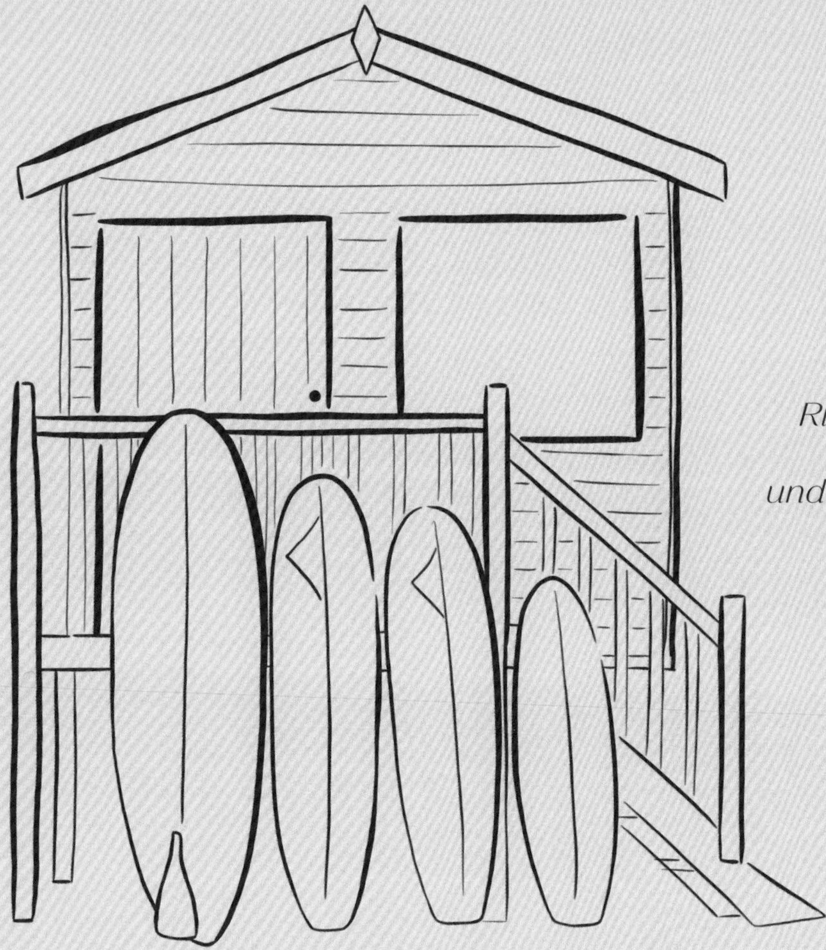

Richte deine Augen
auf den Horizont
und halte deine Nase
in den Wind.

Clint Eastwood

Lächle!

Denn jeder Tag ist
ein Schritt näher
am Sommer.

Das Leben ist so aufregend,
dass man kaum Zeit für etwas anderes findet.

Emily Dickinson

Die Sonne erwacht,
schenkt dir einen neuen Tag
voll Licht und Wärme.

Ulla Keleschovsky

Zutaten für
eine perfekte Woche:
Sonne, Strand und Meer.

CIAO RAGAZZI

INNEHALTEN
SO DANN UND WANN,
IST DAS KOSTBARSTE,
WAS WIR UNS SELBST
SCHENKEN KÖNNEN.

Gudrun Kropp

Jede Reise hat ein Ende.
Aber die Erinnerung
daran bleibt für immer!

Sei für diesen Moment glücklich,
denn dieser Moment ist dein Leben.

Omar Khayyam

DAS LEBEN IST
EIN PARADIES, UND ALLE
SIND WIR IM PARADIESE,
WIR WOLLEN ES NUR
NICHT WAHRHABEN.

Fjodor Dostojewski

Lebe
in der Sonne,
schwimme
im Meer,
trinke
die wilde Luft.

Ralph Waldo Emerson

LA DOLCE VITA

Will man einen

traumhaften Tag

erleben, muss man nach

dem Schönen Ausschau halten.

Lucy Maud Montgomery

LEBE SO, WIE DU ES
FÜR RICHTIG HÄLTST,
UND GEH,
WOHIN DEIN HERZ
DICH FÜHRT.

Charlie Chaplin

Die Augenblicke, in denen wir innehalten, sind kostbar.

Voltaire

DER ZEIT NACHJAGEN –
HEISST, SIE VERTREIBEN.
SICH DIE ZEIT VERTREIBEN –
HEISST, SIE BEI SICH
ZU HABEN.

Jürgen Wilbert

*In der Einfachheit
des Seins atmet
ein großer Reichtum.*

Friederike Weichselbaumer

Mamma mía

Die Seele baumeln lassen kann man nur offline.

Irmgard Erath

Sprühen vor Lebenslust
kann ein wahres Feuerwerk entfachen!

Helga Schäferling

Nimm nur Erinnerungen mit, hinterlasse nichts außer Fußspuren.

Chief Seattle

Etwas von

der Wärme

bleibt immer zurück,

auch wenn die Sonne untergeht.

Johanna Rückert

EIN KLEINER FARBKLECKS
VERÄNDERT DAS GANZE BILD.
EIN SCHÖNER GEDANKE
VERÄNDERT EINEN
GANZEN TAG.

Kirsten Schwert

Ich ziehe mit dem Wind dorthin,
wo meine Träume sind.

Carin Reiterer

Manchmal ist ein Kaffee und ein Gespräch mit Freunden alles, was man braucht.

PIZZA, PASTA & AMORE

DIE BESTE SCHAUKEL
DES LEBENS IST
DIE GELASSENHEIT.

Paul Hufnagel

Das Leben ist eine Reise, kein Ziel.

Ralph Waldo Emerson

*Alles trägt Früchte,
was die Liebe gesät hat.*

Marie Hüsing

Ich male mir das Leben bunt und feile alle Ecken rund.

Renate Khan Boloki

GÖNNE DIR
EINEN AUGENBLICK
DER RUHE UND
DU BEGREIFST,
WIE NÄRRISCH DU
HERUMGEHASTET BIST.

Laozi

Auch

die Pause

gehört zum Rhythmus.

Stefan Zweig

♡

Tutto bene

Leicht zu leben ohne Leichtsinn,
heiter zu sein ohne Ausgelassenheit,
Mut zu haben ohne Übermut –
das ist die Kunst des Lebens.

Theodor Fontane

Eis hat verhältnismäßig wenig Vitamine.
Deshalb muss man viel mehr davon essen.

AM MEER SCHEINT ES,
ALS WÜRDEN SICH
DIE SORGEN HINTER
DEM HORIZONT
VERLIEREN.

Irmgard Erath

Die
Sonne
scheint jeden
Tag neu.
Heraklit

Ein kleines bisschen

Sommer

ist das, worum

es das ganze Jahr geht.

John Mayer

Man sollte nicht Zeitvertreib,
sondern Zeitgenuss sagen!

Jean Paul

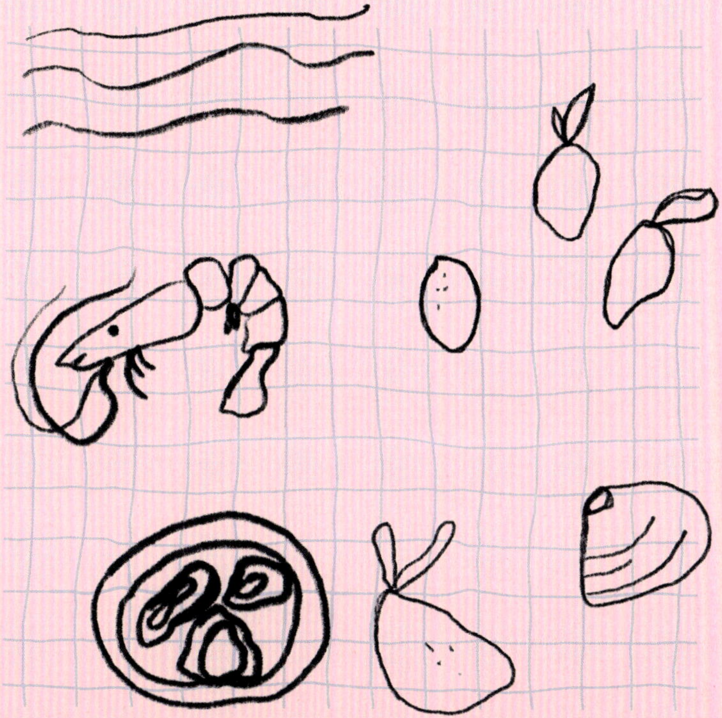

Das Leben schenkt dir seine Tage,
damit du sie genießt.

Ellen Sonntag

Espresso,
Cappuccino,
Latte Macchiato,
Ristretto:
Ich liebe sie einfach alle!

*Wenn das Leben
eine Reise ist,
ist der Strand
mein Ziel.*

Du musst nur langsam genug gehen,
um immer in der Sonne zu bleiben.

Antoine de Saint-Exupéry

Das Leben
ist wundervoll!
Edith Piaf

BEWAHRE DIR
DIE ERINNERUNG AN
DEN DUFT DES SOMMERS,
ER IST VERWANDELTER
SONNENSCHEIN.

Sonja Blumenthal

Aus jedem Tag

das Beste

zu machen,

das ist die größte Kunst.

Henry David Thoreau

Heute

ist der perfekte Tag,
um glücklich
zu sein.

MORE
AMORE
PER FAVORE

Das Glück kommt gerne in ein Haus,
in dem Freude herrscht.

aus Japan

FÜR DIE STERNSTUNDEN DES TAGES MUSS MAN SELBST SORGEN.

Unbekannt

Die Welt
gehört dem,
der sie
genießt!
Giacomo Leopardi

Wer sagt, dass man Glück nicht essen kann?

Nina Sandmann

Man sollte dann und wann
lachen können und
ein bisschen Spaß haben,
oder sogar viel.

Vincent van Gogh

Schreibe es
in dein Herz,
dass jeder Tag
der beste Tag
des Jahres ist.
Ralph Waldo Emerson

Pflücke den Tag!
Horaz

SO GROSS UND EINFACH
DIE WELT AM STRAND,
NUR WIND UND WOLKEN,
NUR MEER UND SAND.

Carl Peter Fröhling

Ciao bella

Je leichter du bist, umso besser trägt dich die Woge des Lebens.

Unbekannt

*Man kann nie genug haben
von den schönen Tagen.*

Horst Reiner Menzel

Ab und zu sollte man sich

etwas Meer gönnen.

Irmgard Erath

Das Leben
ist zu kurz
für irgendwann.

Die Welt gehört denen,
die zu ihrer Eroberung ausziehen,
mit Sicherheit und
guter Laune im Gepäck.

Charles Dickens

Ein Lächeln ist Sonnenschein für die Seele.

Nina Sandmann

Was wir brauchen, ist nicht gefüllte Zeit, sondern erfüllte.

Unbekannt

Zeit für Schönes können wir uns immer nehmen.
Warum nicht gleich heute?

Angelika Emmert

IN VINO
VERITAS

LEBE JEDE JAHRESZEIT,
WIE SIE KOMMT!
ATME DIE LUFT, TRINKE,
SCHMECKE DIE FRÜCHTE
UND ÜBERLASSE DICH
IHREM EINFLUSS.

Henry David Thoreau

Die schönsten Momente im Leben
passieren unerwartet.

Besser genießen und bereuen, als bereuen, dass man nicht genossen hat.

Giovanni Boccaccio

Wo wir uns der Sonne freuen, sind wir jede Sorge los.

Johann Wolfgang von Goethe

Sag Ja

zu deinem Leben und umarme
es jeden Tag aufs Neue.

Johanna Rückert

SONNENBLUMEN,
HELLIGKEITEN,
TANZEN,
LEG DIE SORGEN AB
WIE DAMALS
DEINEN RANZEN.

Jo M. Wysser

Gelato per tutti

Es stimmt, ich habe verdammte Lust,
glücklich zu sein.

Rosa Luxemburg

Abenteuer beginnen mit einem Kaffee!

Überall wachsen kleine Wunder,
überall blüht das Leben.

Christine Mainacht

SOMMER.
HAARE WERDEN HELLER,
HAUT WIRD DUNKLER,
WASSER WIRD WÄRMER,
DRINKS WERDEN KÄLTER,
MUSIK WIRD LAUTER,
NÄCHTE WERDEN LÄNGER,
LEBEN WIRD BESSER!

Ausruhen.
Genießen. Träumen.
Einfach loslassen.
Das Glück hat noch
viel mehr Namen.

Paul Hufnagel

Lachen

ist ein Sonnenstrahl

der Seele.

Thomas Mann

Zu viel des Guten kann wunderbar sein.

Mae West

SOMMERNÄCHTE DUFTEN IMMER
EIN BISSCHEN NACH GLÜCK.

Gehe, als würdest du mit deinen Füßen die Erde küssen.

Thich Nhat Hanh

CIAO
AMORE

ICH FRAGE MICH,
WIE ES WOHL WÄRE,
IN EINER WELT ZU LEBEN,
IN DER ES IMMER
JUNI WÄRE.

Lucy Maud Montgomery

An einem Sommermorgen
da nimm den Wanderstab,
es fallen deine Sorgen
wie Nebel von dir ab.

Theodor Fontane

Ab und zu

sollte ein jeder
über die Stränge schlagen
und seine kühle Nüchternheit
für eine Weile vergessen.

Seneca

Ich lasse mich
heute einfach
mal treiben.

Wärme ist für mich so viel
mehr als eine bestimmte Temperatur.

Sonja Recknagel

MANCHMAL
SOLLTE MAN SICH
LIEBER NUDELN
STATT SORGEN
MACHEN!

Nichts Süßres gibt es auf der Welt, als der Sonne Licht zu schauen.

Friedrich Schiller

Jeder Tag sollte mit einem Kaffee am Meer beginnen.

Summer afternoon –
Sommernachmittag,
für mich waren das schon immer
die beiden schönsten Wörter
der englischen Sprache.

Henry James

PASTA
E
BASTA

Die weitesten Reisen
unternimmt man
mit dem Kopf.
Joseph Conrad

„LEBEN IST NICHT GENUG", SAGTE DER SCHMETTERLING. „SONNENSCHEIN, FREIHEIT UND EINE KLEINE BLUME MUSS MAN HABEN!"

Hans Christian Andersen

Kein Genuss ist vorübergehend.
Der Eindruck, den er hinterlässt, ist bleibend.

Johann Wolfgang von Goethe

Sommer,
ich wär dann
so weit!

Für den
wahren Lebenskünstler ist
die schönste Zeit
immer diejenige,
die er gerade verbringt.

Orson Welles

Ohne Frohsinn verblassen alle Farben des Lebens.

Frida Ingeborg Romay

Das Leben muss nicht perfekt sein,
um wundervoll zu sein.

Unbekannt

MAN SOLLTE ANTEIL
NEHMEN AN DER FREUDE,
DER SCHÖNHEIT,
DER FARBIGKEIT
DES LEBENS.

Oscar Wilde

Für ein kleines Paradies
zum Auftanken ist
überall Platz.

Helga Schäferling

BAUCH VOLL
SPAGHETTI
ALLES
PALLETTI

An Wundern ist niemals Mangel in der Welt.

Gilbert Keith Chesterton

**Gehe hinaus
in die Welt und
male sie dir jeden
Tag ein bisschen
bunter.**

Roswitha Bloch

Einfach
mal abtauchen.

NICHTS IN DER WELT WIRKT SO ANSTECKEND WIE LACHEN UND GUTE LAUNE.

Charles Dickens

Sich Zeit für
sich selbst nehmen,
offline gehen, die Welt ansehen,
daraus kann viel Glück und

Schönes

entstehen.

Lissy Klee

Strandtage sind meine liebsten Tage

Helle Gedanken und ein heiteres Gemüt
machen schöne Tage.

Henry David Thoreau

Il dolce far niente

Wende dein Gesicht
der Sonne zu,
und du kannst
den Schatten nicht sehen.

Helen Keller

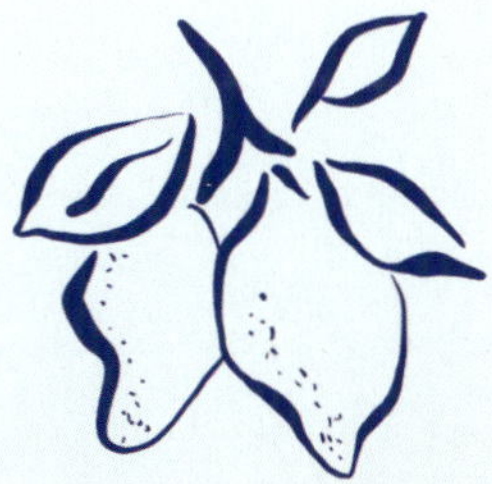

Die Seele ernährt sich von dem, worüber sie sich freut.

Augustinus von Hippo

Genießen bedeutet: den Augenblick
wie Eiscreme auf der Zunge zergehen lassen ....

Helga Schäferling

DAS DASEIN IST
KÖSTLICH – MAN MUSS
NUR DEN MUT HABEN,
SEIN EIGENES LEBEN
ZU FÜHREN.

Peter Rosegger

Meine Lieblingsfarbe ist

Sonnenuntergang am Meer.

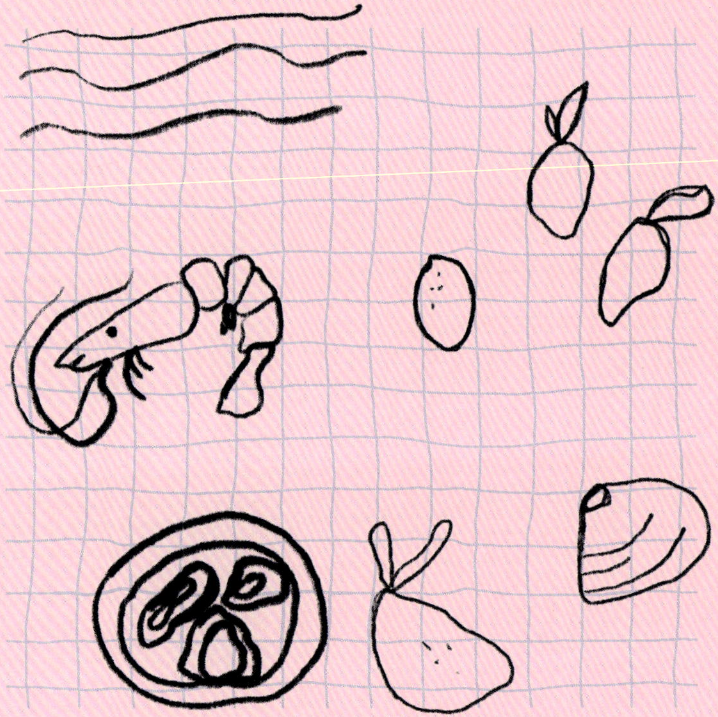

Wer noch staunen kann,
wird auf Schritt und Tritt beschenkt.

Oskar Kokoschka

Nichts Schöneres unter der Sonne,
als unter der Sonne zu sein.

Ingeborg Bachmann

More Spaghetti –
less upsetti

Jung hält, was Spaß macht.
Jeremy A. White

WENN MAN
IMMER NUR TUT,
WAS SICH GEHÖRT,
VERPASST MAN
DEN GANZEN SPASS.

Katherine Hepburn

Es ist mal wieder Zeit für Sonne auf der Haut und Sand unter den Füßen.

Der Sommer macht
den Menschen zum Träumer.

Paul Keller

Die besten Dinge

im Leben sind nicht die,

die man für Geld bekommt.

Albert Einstein

DEM WAHRHAFT NEUGIERIGEN ERSCHLIESST SICH ALLES, WAS DAS LEBEN ZU BIETEN HAT.

William Morris Davis

Die schönsten Momente sind die,
die uns vor lauter Glück sprachlos machen!

Irmgard Erath

WIR LAGEN AUF DER WIESE
UND BAUMELTEN MIT DER SEELE.

Kurt Tucholsky

Abschalten. Sich Zeit lassen.
Die Welt vergessen. Glücklich sein.

Jeremy A. White

Sonne
im Herzen
ist das beste Gepäck
für die Lebensreise.
Nina Sandmann